그림으로 배우는
논리 오류 19

그림으로 배우는

논리 오류
19

앨리 앨모서위 지음

하자인 옮김

돈키호테

차 례 AN ILLUSTRATED

● 책 머리에 ●

논리학과 논리적 오류에 대한 책은 헤아릴 수 없을 만큼 많이 나와 있다. 그러나 이 책이 새로운 것은 현재의 많은 담론을 괴롭히는 논증의 흔한 오류들을 유형화하여 그림으로 설명한다는 데 있다.

삽화들 중 일부는 조지 오웰George Orwell의 《동물농장Animal Farm》 같은 우화들allegories로부터, 또 일부는 루이스 캐럴Lewis Carroll의 이야기나 시 같은 재미있는 넌센스로부터 영감을 받았다. 하지만 이런 이야기들과 달리 이 책에서는 그림들을 엮어 주는 서사가 있는 것은 아니다. 각 오류의 삽화는 독립된 장면이다. 단지 내용을 더 잘 표현하고 응용할 수 있는 스타일과 테마로 연결되어 있다. 그리고 그림 밑에 각각의 오류를 짧게 설명하면서 글의 간결함을 추구했다.

피해야 할 것들에 대해서 읽는 것은 실제로 유용한 학습 경험이다. 스티븐 킹Stephen King은 《유혹하는 글쓰기On Writing》에서 "안 좋은 글을 읽음으로써 하지 말아야 할 것이 무엇인지를 가장 명확하게 배울 수 있다"라고 말했다. 킹은 특히나 끔찍한 소설을 읽었던 경험을 '천연두 백신 같은 문학'이라고 표현했다. 수학자인 게오르크 뽈야George Pólya는 교수학 강의에서 무언가를 잘 이해하는 것뿐만 아니라 그것을 어떻게 해야 잘못 이해하는지도 알아야 한다고 말했다. 이 책은 주로 논증에서 피해야 할 것들에 대해 말하고 있다(T. 에드워드 대머T. Edward Damer의 '잘못된 추론에 관한 책' 참조).

몇 년 전, 나는 1차 술어논리predicate logic를 이용한 소프트웨어 설명서를 쓴 적이 있다. 그것은 평상시 사용하는 기호인 영어가 아닌 이산수학discrete mathematics을 사용하여 불변항invariants에 대해 논증/추론하는 매우 흥미로운 방법이었다. 이는 애매할 수도 있는 곳에는 정확함을, 불필요한 말 대신 엄격함을 부여했다.

그 시기에 나는 명제논리propositional logic에 관해 중세와 현대의 책 몇 권을 정독했다. 그 중의 한 권이 로버트 굴라Robert Gula의 《논리적 오류 핸드북A Handbook of Logical Fallacies》이었다. 굴라의 책은 내가 십 년 전에 공책에 '논쟁하는 방법'에 대해 끄적였던 일련의 휴리스틱heuristics(문제의 답을 시행착오적인 방법을 통해 발견하는 것 - 역자 주)을 떠올리게 했다. 그것은 온라인 포럼에서 모르는 사람들과 몇 년 간 언쟁을 하며 나온 결과물이었고, "사물들에 대해 일반적인 주장을 하지 말 것"과 같은 항목을 담고 있었다. 지금이야 명백하지만, 당시에 그것은 흥분을 일으킬 만한 깨달음이었다.

확실히 하나의 추론 과정을 공식화하면 생각과 표현의 명료함, 객관성, 그리고 더 강한 확신과 같이 유용한 효과를 만들어낼 수 있다. 논증을 분석할 수 있는 능력은 또한 언제 무익한 논쟁에서 빠져나와야 할지 알 수 있는 척도를 제공했다.

시민의 자유나 대통령 선거처럼 우리의 삶과 사회에 영향을 미치는 쟁점과 사건들은 대개 사람들에게 정책과 신념에 대해 토론하게 만든다. 이런 담론들을 관찰해 보면 꽤 많은 것들이 제대로 된 추론 과정이 없다는 것을 알아차릴 수 있다. 논리학을 다루는 글의 목적은 훌륭한 추론을 할 수 있는 수단과 패러다임을 인식해서 더 건설적인 논의를 가능하게 하는 데 있다.

설득은 논리뿐 아니라 여러 다른 역할도 하기에 다음에 열거하는 것에 대해서 잘 알고 있는 것도 도움이 된다. 수사법이 그 중 첫번째이고, 간결성의 원칙principle of parsimony과 같은 수칙precepts도 떠올릴 수 있을 것이고, '입증원칙' 같은 개념도 생각해 볼 수 있다. 관심 있는 독자들은 해당 주제에 대한 다양한 글들을 참고할 수 있을 것이다.

논리 법칙들은 자연계의 법칙도 아니고, 인간 이성의 모든 것을 이루는 것도 아니다. 마빈 민스키Marvin Minsky가 주장하듯이, 일상의 상식적 추론은 논리적 원칙으로 설명하기 어렵다. 비유하자면 "우리가 어떻게 말하는지 문법이 설명할 수 없는 것처럼 논리학 역시 우리가 어떻게 생각하는지 설명할 수 없다." 논리학은 새로운 진실을 만들어내지는 않는다. 다만 생각의 일관성과 연관성을 검증할 수 있게 해준다. 그렇기 때문에 논리학은 아이디어 및 논쟁의 분석과 소통을 위한 효과적인 도구가 된다.

● 누구에게 필요한 책인가? ●

이 책은 논리적 추론에 익숙하지 않은 사람들, 파스칼의 말을 빌리면, 특히 그림을 통해 쉽게 배우는 사람들을 위한 책이다. 추론 과정에서 흔히 범하는 오류들을 모아 기억하기 쉽고 풍부한 예들을 담고 있는 그림들로 표현하였다. 독자들이 이 책을 통해 논증에서 범할 수 있는 흔한 오류들을 익히고 실제 생활에서도 이들을 알아차려 피해 갈 수 있기를 바란다.

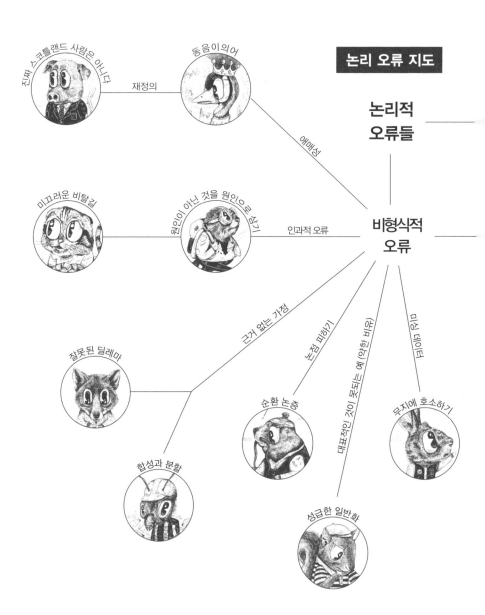

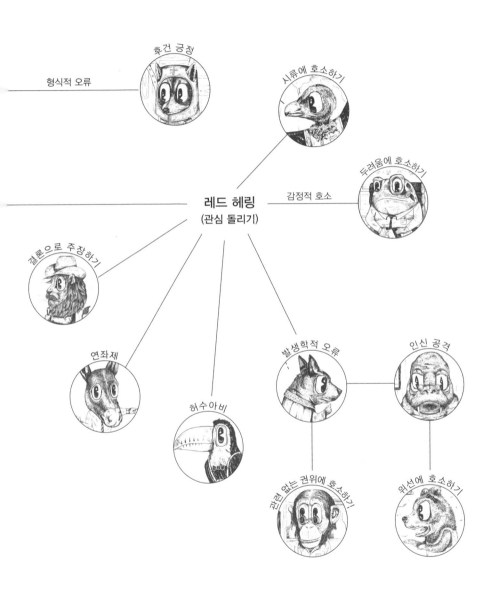

명제 ^{Proposition}

참이거나 혹은 거짓인 언술. 그러나 둘 다 해당될 수는 없다. 예를 들어 보자. "보스턴은 매사추세츠 주에서 가장 큰 도시이다."

전제 ^{Premiss}

어떤 주장의 결론을 지지하기 위해 제공되는 명제이다. 보통 한 주장은 한두 개의 전제를 가질 수 있다. Premise라고도 쓴다.

주장 ^{Argument}

이성을 통해 설득할 목적으로 사용하는 일련의 명제이다. 한 주장 안에는 명제의 하부구조로 전제라고 불리는 것이 있다. 이것은 결론이라고 불리는 또 다른 명제를 지지하기 위해서 제공된다.

연역적 주장 ^{Deductive argument}

전제가 참이라면 결론도 참이라는 주장이다. 결론은 전제로부터 논리적 필연성을 따른다고 한다. 예를 들어 보자. "모든 인간은 죽는다. 소크라테스는 인간이다. 그래서 소크라테스는 죽는다."

귀납적 주장 Inductive argument

전제가 참이라면 결론도 아마도 참일 것이라는 주장이다.* 따라서 결론이 전제로부터 논리적 필연성을 따르는 것은 아니다. 단지 가능성이다. "우리가 진공에서 빛의 속도를 잴 때마다 매번 $3 \times 10^8 \text{m/s}$를 얻었다. 그러므로 진공에서 빛의 속도는 일반적으로 일정하다." 귀납적 주장은 보통 특정한 사례를 일반적인 것으로 끌고 간다.

> *학문에서, 우리는 보통 귀납적으로 자료에서 법칙으로 그리고 이론으로 나아간다. 귀납은 보통 한 명제를 일정한 표본에서 테스트한다. 그렇지 않으면 실천하지 못하거나 불가능하기 때문이다.

논리적 오류 Logical fallacy

추론에서 실수를 하면 잘못된 주장을 만든다. 실수는 사실과 관련되기보다는 한 명제에서 다른 명제로 나아가는 전환에서 사용하는 추론과 관련되어 있다. 달리 말하면 어떤 주제에 대한 잘못된 주장은 그 주제가 비이성적이라는 것을 의미하는 것은 아니다. 논리적 오류는 좋은 구조, 일관성, 분명함, 질서, 관련성 그리고 완전함과 같이 훌륭한 주장을 만드는 한 개 또는 여러 개의 원칙들을 위반하는 것이다..

형식적 오류 Formal fallacy

논리적 오류는 그 형식이 논리적 분석의 추론 규칙이나 문법을 따르지 않는다. 주장의 타당성은 그 내용을 평가할 필요 없이 추상적인 abstract 구조의 분석만으로 결정할 수 있다.

비형식적 오류 Informal fallacy

어떤 논리적 오류는 그 형식보다 내용과 문맥에 달려 있다. 추론의 오류는 그 주장에서 비형식적 오류로 여겨지는 것에서 비롯한다.

타당성 Validity

연역적 주장은 그 결론이 전제로부터 논리적으로 따라나오면 타당(유효)하다. 그렇지 않으면 타당하지 않다고 한다. 유효 또는 비유효의 표현은 명제가 아니라 주장에만 적용된다.

건전성 Soundness

연역적 주장은 그 주장이 유효하고 그 전제가 참이라면 건전하다. 이런 조건이 갖추어지지 않으면 그 주장은 건전하지 않다. 참은 주장의 전제와 결론이 실제 세계의 사실과 일치하는가를 보고 결정한다.

강도 Strength

귀납적 주장은 그 전제가 참이고, 결론이 또한 참일 가능성이 높을 경우에는 강하다. 그렇지 않아서 그 결론이 참일 가능성이 거의 없으면 약하다고 말해야 한다. 귀납적 주장은 참을 담보하지는 않는다. 귀납적 주장에서는 전제가 참이라고 해서 반드시 결론이 참이 되지는 않는다.

설득력 Cogency

귀납적 주장은 그 주장이 강하고, 그 전제가 실제로 참이라면, 즉 사실들과 일치한다면 설득력을 가진다. 그렇지 않다면 설득력이 없다.

반증가능성 Falsifiability

한 명제나 주장의 어떤 속성은 관찰이나 실험으로 반박 받을 수 있다. 예를 들어, "모든 잎은 푸르다"라는 명제는 푸르지 않은 잎을 지적하면서 반박할 수 있다. 반증가능성은 한 주장의 약함이 아니라 강함의 표시이다.

결론으로 주장하기
Argument from Consequences

전문가 주장 :
소의 방귀는 지구를
죽인다

"만약 소를 없애 버리면 우리는 어딜 가도 걸어가야 한다. 이것은 의욕을 꺾는 일이다. 그러므로 소의 방귀는 지구를 망치지 않는다."

●●● 결론을 가지고 주장하는 것은 전제를 받아들이거나 반대할 경우에 이르게 될 결론에 호소함으로써 전제의 타당성을 대변하거나 혹은 이에 반박하는 방식으로 말하는 것이다. 전제가 어떤 원치 않는 결과로 이어진다고 해서 그것이 거짓이라고 말할 수는 없다. 마찬가지로 어떤 전제가 원하는 결론으로 이어진다고 해서 갑자기 그 전제가 참이 되는 것도 아니다. 데이빗 핵켓 피쳐David Hackett Fischer의 말을 빌려 보자. "결과effect로 드러나는 내용quality이 원인cause으로 옮겨갈 수 있는 것은 아니다."

좋은 결론의 경우에, 주장은 희망 사항처럼 청자들의 소망에 기댈 수 있다. 좋지 않은 결론이라면, 이런 주장은 반대로 청자들의 두려움에 호소하기도 한다.

도스토예프스키의 말을 빌려 보자.

"만약 신이 존재하지 않는다면, 모든 것은 허용될 것이다."

객관적 도덕에 대한 논의는 제쳐 두고 순수한 물질 세계의 암울한 결과에 호소하는 것은 선행사건^{antecedent}이 참인지 아닌지를 가려낼 수 없다.

다만 이런 주장은 객관적 진리 가치의 명제들을 다루는 경우에만 잘못된 것임을 명심해야 한다. 예를 들어, 정치인이 자기 선거구 유권자들의 생활에 부정적인 영향을 줄지도 모른다는 두려움 때문에 세금 인상을 반대하는 것처럼 판단이나 정책을 다루는 경우에는 해당되지 않는다.([Curtis])

허수아비
Straw Man

한 화가가 힘이 넘쳐 보이고 활기찬 큰부리새를 완전히 잘못 그렸다.
나중에 그 화가는 자기 그림을 사람들에게 보여 주면서 그 큰부리새가
얼마나 힘이 없고 약해 보였는지 불평했다.

●●● 실제의 주장보다는 희화한 것the caricature을 공격할 목적으로 어떤 사람의 주장을 의도적으로 희화화하는 것을 "허수아비를 세워 놓는다"라고 한다. 정보를 잘못 전달하거나, 잘못 인용하거나, 잘못 해석하거나, 지나치게 단순화시켜 버리는 것 모두가 이런 오류를 범하는 것이다. 허수아비 주장은 대개 사실적 주장보다 터무니없기에 쉽게 공격할 수 있는 대상이 되며, 원래의 것보다 더 우스꽝스러운 주장을 방어하도록 사람들을 유인할 수 있다.

예를 들어 보자.

"내 의견에 반대하는 사람은 우리가 나무에서 왔다 갔다 하는 원숭이들로부터 진화했다고 설득하고 있잖아. 완전 어이없는 말이야."

이것은 진화생물학이 주장하는 바를 명백히 잘못 전달하고 있다. 진화생물학에서 말하는 것은 사람과 유인원이 몇백만 년 전 같은 조상을 갖는다는 생각이다. 그 생각을 왜곡하는 것이 그 생각의 증거가 틀렸다는 것을 증명하는 것보다 훨씬 쉽다.

관련 없는 권위에 호소하기
Appeal to Irrelevant Authority

현존하는 화학자 중 가장 뛰어난 침팬지 박사는 이상하게도
종종 여자 문제로 구설수에 오른다.

●●● 권위에 호소하는 것은 사람이 지닌 겸손함(허약함)의 감각에 호소하는 것이다([Engel]). 말하자면, 다른 사람들이 더 유식하다는 느낌에 호소하는 것이다.

C. S. 루이스Lewis의 말을 빌리면, 원자나 태양계처럼 현재 우리가 믿고 있는 것들 중 거의 대다수가 믿을 만한 권위에 기대어 있으며, 역사적 서술들도 마찬가지다. 과학자나 학자들이 전형적으로 그러하듯 어떤 이들은 관련 있는 권위에 합리적으로 호소할 수도 있을 것이다. 하지만 해당 이슈에 대한 전문가가 아닌 권위에 호소할 경우 그 주장은 오류가 된다. 모호한 권위에 기대는 것 역시 주목할 필요가 있는데, 이 경우의 아이디어는 애매한 집합으로부터 나온다. 예를 들어, "독일 교수들이 그것을 제시했으므로 그것은 진실이다"라는 식으로 말이다.

아무런 관련이 없는 권위에 호소하는 형태는 오래된 지혜에 호소하는 것이다. 단지 어떤 것이 오래 전에 진실이라고 믿어졌다는 것만으로 현재에도 진실이라고 가정하는 것과 같다. 예를 들어 보자.

"점성술은 고대 중국인들과 같이 기술적으로 진보된 문명에 의해 만들어졌다. 따라서 그것은 진실이다."

또 특이한 것이거나 시간이 지나면 변할 수 있는 것들을 뒷받침하기 위해 고대의 지혜에 호소할 수도 있다.

"몇백 년 전 사람들은 하루에 9시간씩 잠을 자곤 했다. 따라서 우리도 그 정도 시간만큼은 자야 한다."

과거의 사람들이 더 오랜 시간 잠을 잤던 요인에는 여러 종류의 것들이 있을 수 있다. 과거의 사람들이 그러했다는 사실은 주장에 아무런 증거도 되지 못한다.

동음이의어
Equivocation

여왕은 작고 이상하게 생긴 학에게 말하길, 자기는 이틀에 한 번 (every other day)은 잼을 먹을 수 있는데, 오늘은 아니라고 했다. 오늘은 그날(any other day)이 아니었기 때문이다.

◎ ● ● 동음이의어 오류는 언어의 모호성을 활용하는 것이다. 즉 논증 과정에서 특정 결론을 이끌어내기 위해 단어의 의미를 바꾸어 다른 의미로 사용하는 방식이다. 주장 전반에 걸쳐 그 의미가 동일하게 유지되는 한 단어는 하나의 뜻으로만Univocally 사용된다. 다음의 주장을 보자.

"당신은 어떻게 믿음을 부정할(against faith) 수 있습니까? 친구나 배우자가 될 사람, 그리고 투자에 대해서는 늘 믿으면서(take leaps of faith) 말입니다."

여기에서, 믿음(faith)이란 단어의 뜻은 창조자에 대한 '종교적인 믿음'에서 위험을 감수하는 '약속'으로 바뀌었다.

이런 논리적 오류는 흔히 '왜'라는 단어가 서로 다른 의미로 사용되는 과학과 종교 토론에서 일어난다. 한쪽 문맥에서 '왜'는 과학의 주요 동기가 되는 원인을 찾는 단어로 사용되고, 다른 쪽에서는 과학이 대답할 수 없는 목적을 찾거나 도덕과 차이를 다루는 단어로 사용된다. 예를 들면, 누군가 다음처럼 주장할 수 있다.

"과학은 어떤 일들이 왜 일어나는지 우리에게 답하지 못한다."
"우리는 왜 존재하는가?"
"왜 도덕적이어야 하는가?"
"그러므로 우리에게는 이런 일들이 왜 일어나는지 답해줄 과학 아닌 다른 것이 필요하다."

*일러스트는 루이스 캐럴의 《거울 나라의 앨리스Through the Looking-Glass》에서 앨리스와 하얀 여왕을 바꿔치기한 것을 참조.

잘못된 딜레마
False Dilemma

한 상인이 물었다. "아보카도 열매의 어디를 먹고 싶습니까?"
구매자는 "나는 가운데를 먹고 싶어요. 그 부분이 빠져 있는 것 같
아요."라고 대답했다.

●●● 잘못된 딜레마는 두 개의 가능한 카테고리 장치만을 제시하고, 논의되는 범위 안에 있는 모든 것이 그 장치의 요소임에 틀림없다고 가정하는 주장이다. 그 카테고리 중 하나가 거부되면 다른 하나를 선택해야 한다. 예를 들어 보자.

"광신주의와의 전쟁에서 옆길이란 있을 수 없다. 우리와 한편이든가 아니면 광신도와 같은 편일 뿐이다."

현실에서는 제3의 길로 중립을 선택할 수도 있다. 또 제4의 길로 둘 다를 부정할 수도 있다. 나아가서 제5의 길로 둘의 요소를 모두 강조할 수도 있다.

《이상한 남자The Strangest Man》에는 물리학자 어니스트 러더 퍼드Ernest Rutherford가 그의 동료 닐스 보어Niels Bohr에게 어떤 남자에 관한 우화를 얘기하는 장면이 나온다. 그 남자는 가게에서 앵무새를 산 뒤에 앵무새가 말을 하지 않는다고 돌려주었다. 그 후에도 몇 번을 왔다 갔다 하자 가게 주인은 결국 이렇게 말한다. "아, 그렇군요! 당신은 말하는 앵무새를 원했군요. 죄송합니다. 저는 생각하는 앵무새를 드렸습니다." 러더퍼드는 이 우화를 사용해서 침묵하는 디랙Dirac의 천재성을 잘 표현했다. 하지만 어떤 이들은 이런 추론을 사용해서 어떤 사람이 침묵하는 사고형인지 아니면 말이 많은 바보인지를 암시하는 상상을 할 수도 있을 것이다.

*이런 오류는 배제된 중간의 오류, 흑백논리의 오류, 이분법의 오류로 일컬어지기도 한다.

원인이 아닌 것을 원인으로 삼기
Not a Cause for a Cause

매일 밤의 끝자락과 동 트기 직전에 비버는 산꼭대기로 올라가서
태양보고 나오라고 말한다. 태양은 언제나 그렇게 한다.

●●● 이 오류는 어떤 사건의 원인을 아무런 근거 없이 제시하는 것이다. 두 가지 사건은 하나가 일어난 뒤에 다른 하나가 일어날 수도 있고 혹은 동시에 일어날 수도 있다. 말하자면 이것은 우연에 의해서, 서로 관련되어 있어서, 또는 다른 알 수 없는 사건 때문일 수도 있다. 어떤 근거도 없이 그 사건들이 서로 연결되어 있다고 결론지을 수는 없다. 다음과 같은 주장은 타당한 주장이 될 수 없다.

"이번 지진은 사람들이 왕에게 복종하지 않기 때문에 일어난 것이다."

이 오류는 두 가지 타입으로 나눠 볼 수 있다. "이것 다음에 일어났으니까, 이것 때문이다" 타입과 "이것과 함께 일어났으니까, 이것 때문이다" 타입이다. 전자의 경우, 어떤 사건이 다른 사건보다 먼저 일어났기 때문에 먼저 일어난 사건을 원인이라고 말한다. 후자의 경우, 어떤 사건이 다른 사건과 동시에 일어났기 때문에 그 사건을 동시에 일어난 다른 사건의 원인이라고 한다. 여러 학문에서, 이것을 인과관계와 상관관계의 혼동이라고 일컫는다.*

다음은 코미디언 스튜어트 리^{Stewart Lee}의 말을 인용한 것이다.

"내가 1976년에 로봇을 그리고서 스타 워즈가 나왔다고 해서, 그들이 분명 내 아이디어를 베껴 간 것이라고 말할 수는 없잖아요."

또 다른 사례는 얼마 전에 온라인 포럼에서 본 것이다.

"해커가 철도회사의 홈페이지를 공격해서 막아 버렸고 내가 열차 도착 예정 시각을 확인해 보니 이런, 모두 다 연착이었어요!"

그 작성자는 열차들이 제 시각에 도착하는 법이 거의 없다는 걸 모르고 있었다. 과학적 대조군이 없다면 그 추론은 전혀 근거가 없다.

*초콜릿을 먹는 것과 노벨상을 타는 것에는 높은 상관관계가 있는 것으로 밝혀졌다고 하니, 어쩌면 초콜릿을 즐겨 먹는 사람들에게 희망을 줄 수 있을지도 모르겠다. bbc.com/news/magazine/20356613

두려움에 호소하기
Appeal to Fear

개구리는 선거에서 졌다. 이것은 당나귀가 모든 사람을 설득했기 때문이다. 개구리가 학장이 되면 곧 대학이 모두 개구리에 의해서 운영될 것이라고 말이다.

●●●● 이 오류는 청자에게 특정 명제를 받아들일 경우에 일어날 수도 있는 무서운 미래를 상상하게 함으로써 그의 두려움을 이용한다. 이와 같은 주장은 해당 결론이 두려움에 대한 타당한 원인을 제시하는 일련의 전제로부터 도출되었다는 것을 보여 주는 대신 미사여구, 협박 혹은 노골적인 거짓말을 이용한다. 예를 들어 보자.

> "나는 모든 직원들에게 이번 선거에서 내가 고른 후보에게 투표할 것을 요구했다. 만약 다른 후보가 이긴다면 그가 세금을 올려 많은 사람들이 직업을 잃게 될 것이라고 말이다."

또 다른 예는 프란츠 카프카의 소설 《소송 The Trial》에 나오는 한 대목이다.

> "경찰이 도착하기 전에 당신의 귀중품들을 얼른 다 내게 줘요. 그들은 당신의 귀중품들을 다 창고에 넣어 버릴 거

예요. 그리고 창고에 들어간 물건들은 그 안에서 잃어버리게 되기 마련이지요."

여기에서 주장은 협박에 가깝다. 하지만 매우 미묘한 것일지라도 추론이라는 것을 시도하기는 한다. 증거를 제시하려는 시도조차 하지 않는 노골적인 협박이나 명령도 듣는 사람의 두려움을 이용하긴 하지만 이 오류와는 다른 것이다.([Engel])

두려움에 호소하기는 명제를 받아들일 경우에 발생할 수도 있는 무서운 일들 - 실제로는 명확한 인과관계도 없는 - 을 묘사하여 미끄러운 비탈길을 연상하게 한다. 이런 방식은 공격받는 명제에 대해 단 하나의 대안을 제시하는데, 이 대안은 명제를 공격하는 사람의 의견이다. 이 경우, 두려움에 호소하기는 잘못된 딜레마를 연상시키기도 한다.

성급한 일반화
Hasty Generalization

"나는 둥글게 생기지 않은 음식은 본 적이 없다. 그러므로 모든 음식은 분명히 둥근 모양이다."

"나는 음식 모양이 뾰족하지 않은 것은 본 적이 없다."

◈ ● ● 이 오류는 모집단을 대표하기엔 너무 작거나 너무 특수한 표본을 가지고 일반화를 할 때 일어난다. 예를 들어, 거리에서 열 명의 사람들에게 적자를 줄이기 위한 대통령의 계획을 어떻게 생각하는지 물어 보는 것은 결코 여론의 표본이 될 수 없다.

편하긴 하지만 성급한 일반화는 대가가 큰 파국의 결과를 가져올 수 있다. 예를 들어, 아리안 5호가 처음 발사되었을 때 폭발을 야기한 공학 기술을 추정한 것은 성급한 일반화의 결과였다고 할 수 있다. 왜냐하면 아리안 4호 제어 장치에 대한 테스트들은 아리안 5호 제어 장치의 필수적인 유스케이스use-cases(시스템의 기능적인 요구 사항을 잡아내기 위한 기술 - 역자 주)를 포괄할 수 있을 정도로 전반적이지 않았다. 이런 결정을 승인하는 것은 전형적으로 공학자와 관리자의 논증 능력(의 부족)으로 요약할 수 있으며 따라서 논리적 오류에 대한 우리의 논의에 적합한 사례가 되어 준다.

또 다른 예는《이상한 나라의 앨리스^{Alice's Adventures in Wonderland}》에서 앨리스가 물 속에서 허우적거리고 있으면서 기차역이 근처에 있을 테니 도와 줄 사람도 가까이 있을 것이라고 추론하는 대목이다. "앨리스는 지금껏 바닷가에 딱 한 번 가 보았는데 그것을 가지고 다음과 같이 일반화된 결론에 이르게 되었다. 영국의 해변에 가면 언제나 이동식 탈의 시설들이 있고, 어린이들은 나무 삽으로 모래 장난을 하고 있으며, 숙박소들이 줄 지어 서 있고, 그 뒤에는 기차 역이 있다고 말이다."([Carroll])

무지에 호소하기
Appeal to Ignorance

"저것 봐! 하늘에서 이상한 빛이 날아오네. 나는 저것이 무엇인지
몰라. 그러니까 저건 틀림없이 다른 행성에서 우리를 찾아오는
외계인일 거야."

◌ ◉ ● 이런 논증은 어떤 명제가 참이 아니라는 증거가 없다는 이유만으로 그 명제를 참이라고 추정한다. 따라서 증거의 부재는 부재의 증거를 의미하는 것으로 해석된다. 칼 세이건^{Carl} Sagan이 한 말이 그 한 예가 될 수 있다. "UFO가 지구를 방문하지 않는다는 강력한 증거는 없다. 그러므로 UFO는 존재한다." 비슷한 예로, 피라미드가 어떻게 지어졌는지 우리가 알지 못했을 때, 어떤 사람들은 그렇지 않다고 증명되지 않는 한 초자연적 힘이 피라미드를 만든 것이 분명하다고 단정지었다. 입증 책임은 언제나 주장을 하는 사람에게 있다.

더욱이 몇몇 사람들이 말했듯이, 무엇이 더 혹은 덜 가능할지는 과거의 관찰에서 비롯된 증거를 바탕으로 물어야 한다. 우주를 날아다니는 물체가 사람이 만든 인공물이거나 자연 현상일 가능성이 더 높을까, 아니면 다른 행성에서 방문한 외계인일 가능성이 더 높을까? 우리는 종종 전자의 경우를 목격해

왔고 후자는 단 한 번도 본 적이 없기 때문에 UFO가 우주에서 방문한 외계인은 아닐 거라고 판단하는 게 좀 더 타당하다.

무지에 호소하는 한 가지 특정 형식은 개인적인 불신에서 나오는 논증으로, 한 개인이 무언가를 상상하기 어렵기 때문에 제시된 주장이 거짓이라고 믿어 버리는 것이다. 예를 들어 보자.

"사람이 실제로 달에 착륙했다고 상상하는 것은 불가능해. 그러니까 그건 절대 일어나지 않은 일이야!"

이런 종류의 말들은 가끔 "그것은 네가 물리학자가 아니라서 그래!"라는 반박을 만난다.

*일러스트는 Neil deGrasse Tyson이 한 청중의 UFO에 대한 질문에 답한 내용에서 영감을 받았다. bookofbadarguments.com/video/tyson

진짜 스코틀랜드 사람은 아니다
No True Scotsman

●●● 가끔 어떤 카테고리에 대해 전반적인 주장을 하는 경우가 있다. 그러나 그 주장에 이의를 제기하는 증거를 맞닥뜨리면, 이런 주장은 그 증거를 긍정하거나 부정하는 것이 아니라, 해당 카테고리에 속하는 구성원의 기준을 제멋대로 다시 정의함으로써 그 이의를 무력화시킨다.*

예를 들어, 누군가 프로그래머는 사회 적응력이 없는 존재라고 상정했다고 하자. 만약 다른 사람이 와서 "하지만 존은 프로그래머인데 사람들이랑 잘 어울리고 전혀 어색하지 않아."라고 말하면서 그 주장을 부인하면 "그래, 하지만 존은 진짜 프로그래머가 아닐걸."이라는 식으로 반응한다. 여기에서는 프로그래머의 특성이 무엇인지도 분명하지 않고, 푸른 눈을 가진 사람들이라는 카테고리처럼 프로그래머의 카테고리도 명확하지 않다. 이런 애매함은 고집스러운 사람들에게 아예 카테고리를 다시 정의할 수 있는 여지를 준다.

이 오류는 앤토니 플루^{Antony Flew}의 책 《생각에 대해 생각하기^{Thinking about Thinking}》에서 처음 제시되었다. 그는 다음과 같은 사례를 보여 준다. 해미쉬^{Hamish}는 신문을 읽다가 극악무도한 범죄를 저지른 영국인 사건을 읽고는 말했다. "스코틀랜드 사람은 이런 일을 저지르지 않지." 다음날, 그는 어떤 스코틀랜드 사람이 더 심한 범죄를 저질렀다는 것을 알게 되었다. 그는 스코틀랜드 사람에 대한 그의 말을 수정하지는 않고 대신 이렇게 말했다. "진정한 스코틀랜드 사람은 이런 일을 저지르지 않지."

*공격하는 사람이 고의로 카테고리를 왜곡해서 보여 주고 있다는 것을 잘 알면서 악의적으로 카테고리를 다시 정의할 경우 그 공격은 허수아비 오류를 연상시킨다.

발생학적 오류
Genetic Fallacy

"전하, 죄송하지만 우리가 어떻게 길거리에서 어떤 개가 만든
아이디어를 받아들일 수가 있겠습니까?"

⬡ ● ● 주장의 기원이나 주장을 하는 사람의 출신은 주장의 타당성에는 어떤 영향도 주지 않는다. 발생학적 오류는 어떤 주장이 오직 그 역사에 의해 평가 절하되거나 공격 받을 때 일어난다. T 에드워드 대머T. Edward Damer가 지적했듯이, 어떤 아이디어의 근원에 감정적으로 집착하게 되면 현재의 아이디어를 평가할 때 그 전의 것들을 무시하기가 쉽지 않다.

다음의 내용을 살펴보자.

"그는 당연히 파업한 노조 사람들을 지지하겠지; 그도 같은 동네 출신이잖아."

여기에서 파업한 사람들과 같은 마을 출신이라는 이유로 그의 주장은 그 가치에 따라 평가 받지 못하고 묵살당한다. 즉 같은 마을 출신이라는 정보만으로 그의 주장이 가치 없다고 추론한다. 여기 또 다른 예가 있다.

"우리는 21세기에 살고 있으므로 청동기 시대의 믿음들을 계속 안고 갈 수는 없다."

안 될 것이 무엇인가. 단지 그 시대에서 왔다고 해서 우리가 청동기 시대에서부터 시작되어 온 모든 아이디어들을 다 버려야만 하는가?

정반대로, 발생학적 오류를 긍정적인 방향으로 들먹일 수도 있다. 예를 들어 보자.

"예술에 관한 잭의 의견에는 이의가 있을 수 없어. 그는 대대로 뛰어난 예술가 집안 출신이니까."

앞선 사례들과 마찬가지로 여기에서도 추론에 대한 타당한 증거는 없다.

연좌제
Guilt by Association

성공한 독재자는
교육을 받은 사람이다.

"나의 반대자는 우리가 모두 교육에 더 집중해야 한다고 믿는다.
또 누가 그렇게 생각하는지 아는가?
바로 독재자 자신이다."

● ● ● 연좌제는 어떤 주장에서 제시하는 아이디어가 사회적으로 악으로 규정받은 개인이나 집단에서도 주장하는 것이라고 그 주장을 깎아내리는 것이다. 예를 들어 보자.

"나의 반대자는 사회주의 국가들과 같은 의료 보험 제도를 요구하고 있습니다. 절대 용납할 수 없는 일입니다."

사회주의 국가들과 제시된 의료보험 제도 간의 유사성은 그것이 좋은 것인지 아닌지와는 전혀 관련이 없다. 그것은 완전히 불합리한 추론이다.

또 다른 타입의 주장은 여러 사회에서 지겹도록 반복되어 온 것이다.

"여성들이 차를 몰게 허용해서는 안 된다. 왜냐하면 신을 믿지 않는 나라들에서 여성들의 운전을 허용하기 때문이다."

근본적으로 앞의 두 가지 사례에서 주장하는 것은 특정 집단의 사람들은 단언하건대 절대적으로 나쁘다는 것이다. 따라서 그런 집단과 단 한 가지 속성이라도 공유하게 되면 그 집단의 일원이 되는 셈이고, 그 집단과 관련된 온갖 유해한 것들을 다 부여받게 된다고 여긴다.

후건 긍정
Affirming the Consequent

"기사들은 갑옷을 입는다.
나그네, 그런데 그대는 갑옷은
입었지만 기사는 아니다."

"음, 경비병, 갑옷을 입었다고 모두
기사는 아니다."

● ● ● 논증의 타당한 유형들 중 하나는 긍정논법^{modus ponens} (긍정함으로써 긍정하는 방식)이며 다음과 같은 형식을 취한다: **만약 A이면 C다, A다; 따라서 C다.** 더 형식적으로는:

$$A \Rightarrow C, \ A \vdash C.$$

여기에는 세 개의 명제가 있는데, 두 개의 전제와 하나의 결론이다. A는 전건이라고 하고, C는 후건이라고 한다.

전제: 만약 A이면 C다.
_____
"만약 물이 해수면 높이에서 끓는다면, 그 온도는 최소 $100°C$ 다."

"이 물은 해수면 높이에서 끓고 있다;

             따라서 이 물의 온도는 적어도 $100°C$ 이상이다."
_____
전제: A   결론: C

이 주장은 유효하고 타당하다.

후건 긍정은 다음과 같은 형식을 취하는 형식적 오류다:

만약 A이면 C다. C다; 따라서 A이다.

이 오류는 만약 후건이 참이라면, 전건도 참이라는 가정에서 비롯된다. 이런 가정은 현실에서는 맞지 않는다.

"대학에 진학하는 사람들은 대개 더 성공한 삶을 산다. 존은 성공했다; 따라서 그는 대학에 진학한 것이 틀림없다."

분명히 존의 성공은 학교 교육의 결과일 수도 있다. 하지만 그가 자라온 환경의 결과일 수도 있으며, 어쩌면 어려운 상황을 극복하고자 했던 그의 열망 덕분일지도 모른다. 더 일반적으로, 학교 교육이 암묵적으로 성공을 의미한다고 해서 어떤 사람이 성공했다면 그가 학교에서 공부한 것이 틀림없다고 말할 수는 없다.

위선에 호소하기
Appeal to Hypocrisy

●●● 라틴어로 tu quoque(피장파장)라고 하는 이 오류는 제기된 문제에 대해 언급하는 것이 아니라 원래의 주장으로부터 주의를 분산시킬 의도로 문제 제기에 대해서 문제 제기로 맞대응하는 것이다.

"이 사람은 전혀 진실성이 없으니까 틀린 거야. 왜 그가 저번 직장에서 해고되었는지 물어 봐."라고 존이 말하자 잭은 이렇게 답했다. "작년에 당신 회사가 반으로 규모를 줄여야 했는데도 당신이 받아 간 두둑한 보너스에 대해 말해 보는 게 어때?"

위선에 호소하기는 그 혹은 그녀가 지금 과거와 다른 행동을 한다는 이유로 그 사람을 공격할 때 일어날 수 있다. ([Engel])

영국의 시사 TV 쇼 '당신을 위한 뉴스Have I Got News For You'의 한 에피소드에서 어떤 패널이 시위자들의 위선을 이유로 기

업의 탐욕에 대항하는 런던의 시위를 반대했다. 패널은 시위자들이 자본주의에 대항하는 것처럼 보이지만, 그들은 계속해서 스마트폰을 사용하고 커피를 사마신다고 지적했다.(그 발췌본은 bookofbadarguments.com/video/hygnfy에서 볼 수 있음)

여기 제이슨 레이트먼^{Jason Reitman}의 영화 'Thank You for Smoking'(Fox Searchlight Pictures, 2005)에 나오는 또 다른 예가 있다. 피장파장으로 오고 가는 대화는 담배 회사 로비스트인 닉 네일러^{Nick Naylor}의 번드르르한 말로 마무리된다.

"버몬트에서 온 신사가 저를 위선자라고 부르다니 흥미롭네요. 바로 그 사람이 언젠가 기자회견에서는 미국 담배밭을 다 뭉개고 불태워 버려야 한다고 해놓고는 곧장 개인 제트기를 타고 팜 에이드^{Farm Aid}로 날아가서 트랙터를 타고 나타나서는 미국 농부들의 몰락에 대해 한탄했죠."

미끄러운 비탈길
Slippery Slope

"네가 불량배를 앞마당으로 들어
오게 하면 그는 바로 현관으로 올
라올 것이고, 그 다음날에는 너의
아이들을 먹어 버릴 것이다!"

"빠르게
악화되었군."

●●● 미끄러운 비탈길* 오류는 어떤 명제를 받아들이면 의심할 바 없이 원치 않는 일련의 사건들이 일어날 것이라고 주장함으로써 명제를 의심하게 만드는 것이다.

그러한 일련의 사건들이 일어날 수 있다고 해도 각 사건의 발생 가능성은 다르기 마련인데, 이런 종류의 주장은 아무 증거도 없이 모든 사건은 일어날 수밖에 없을 것이라고 가정한다. 이런 오류는 청중의 두려움을 이용하며 두려움에 호소하기, 잘못된 딜레마, 그리고 결론을 가지고 주장하기와 같은 다른 오류들과도 관련이 있다.

예를 들어 보자.

"우리는 사람들에게 인터넷에 무제한 접속할 수 있는 권한을 주어서는 안 된다. 사람들은 포르노그래피 웹사이트에 빈번히 접속하게 되고, 그러면 얼마 지나지 않아 우리의 도덕적 구조는 무너져내릴 것이다. 결국 우리는 짐승으로 돌아가고 말 것이다."

인터넷 접속이 사회의 도덕적 구조의 붕괴를 시사한다는 데 대해 사실무근의 억측을 제외하고는 분명히 어떤 증거도 제시하지 않으면서 일어날 일들의 특정 상황을 예상하고 있다.

*여기에서 설명하는 미끄러운 비탈길은 인과형이다.

시류에 호소하기
Appeal to the Bandwagon

"왜 너는 파티복을 입으려
고 하지 않아? 다른 애들
은 모두 입고 있는데."

⬤ ● ● '대중에게 호소하기'라고 지칭하기도 하는 이 오류
는 꽤 많은 수, 혹은 다수의 사람들이 어떤 것을 믿는다는
것을 근거로 제시하고 그것이 진실이라고 말하는 방식의 주
장이다. 사람들이 새로운 아이디어를 받아들이는 걸 방해하
는 일부 주장이 이런 타입이다. 갈릴레오는 코페르니쿠스 모
델(지동설)을 지지하면서 동시대 사람들의 조롱을 받았다. 더
최근에는 배리 마셜[Berry Marshall]이 박테리아인 헬리코박터 파이
로리[H. pylori]가 위궤양을 일으킬 수 있다는 이론을 과학 사회
에서 받아들이게 하기 위해 스스로 엄청난 양의 균을 복용
해야 했다. 그 이론은 처음에는 완전히 묵살당했었다.

사람들이 대중적인 것을 받아들이게끔 유혹하는 것은 광고업계와 정치에서 자주 쓰는 방법이다. 예를 들어 보자.

"쿨한 애들은 모두 이 헤어젤을 쓰죠. 그런 사람이 되세요!"

'쿨한 애'가 되는 건 유혹적인 제안이긴 하지만, 광고하는 물품을 사야 한다는 명령을 지지하는 내용이 될 수는 없다. 정치인들은 대개 비슷한 수사법을 사용해서 그들의 캠페인에 박차를 가하고 유권자들에게 영향을 미친다.

인신 공격
Ad Hominem

"당신은 지금 분명히 인신공격을 하고 있어. 당신의 주장은 근거가 없다." 하고 사용자 226이 적었다.

로더니는 이렇게 대답했다. "당신은 아주 바보로 보인다. 당신은 모욕과 인신 공격을 구분할 줄 모를 정도로 바보다."

●●● 인신 공격 주장은 토론의 방향을 전환시키고 주장의 신빙성을 없애기 위해 그/그녀가 말하는 내용이 아니라 그 사람의 특징을 공격하는 방식이다. 예를 들어 보자.

"당신은 역사학자가 아니잖아요. 당신 전공에나 집중하지 그래요."

여기에서 말하는 사람이 역사학자인지 아닌지는 그들 주장의 가치에 아무런 영향이 없으며 공격하는 사람의 위치를 강화시켜 주지도 못한다.

이런 방식의 인신 공격을 비방적 인신공 격이라고 한다. 두 번째 타입은 상황적 인신 공격으로 말하는 사람의 의도에 대한 판단을 해서 냉소적으로 그 사람을 공격하는 방식이다. 예를 들어 보자.

"당신은 도시의 범죄율을 낮추는 데에는 관심도 없잖아요. 그저 사람들이 당신에게 표를 주길 바랄 뿐이죠."

증언을 할 때와 같이 합법적으로 사람의 성격과 진실성에 대해 의문을 갖게 되는 상황은 있을 수 있다.

*일러스트는 몇 년 전 지나치게 열성적이고 고집스러웠던 프로그래머가 참여한 유즈넷에 대한 논의에서 영감을 받았다.

순환 논증
Circular Reasoning

"바다사자는 언제나 옳다." (바다사자가 진술한 책, 1장 1절)

◉ ● ● 순환 논증은 질문을 던지는 네 가지 방법 중 하나인데([Damer]), 이것은 묵시적 혹은 명시적으로 결론을 하나 이상의 전제 안에서 가정하는 방법이다. 순환 논증에서, 결론은 노골적으로 전제처럼 사용되거나, 심지어는 전혀 그렇지 않음에도 완전히 별개의 명제처럼 보이게 바꾸어 쓰기도 한다. 예를 들어 보자.

"당신의 이야기는 전혀 말이 되지 않기에 당신은 완전히 틀렸습니다."

여기에서, 두 명제는 사실 하나이고 같다. 틀렸다는 것과 말이 되지 않는다는 것은 이 문맥상 같은 의미이기 때문이다. 이 주장은 단순히 "X이기 때문에 X다"라는 아무런 의미도 없는 주장이다.

순환 논증은 때때로 표현되지 않은 전제에 기대기도 하는데, 이럴 경우 알아차리기가 더 어려워진다. 다른 사례를 살펴보자. 오스트레일리아의 TV 시리즈 'Please Like Me'의 등장 인물 중 하나가 다른 등장 인물인 무신론자에게 지옥에 가게 될 거라며 비난하자 무신론자는 이렇게 답한다. "말이 안 되는데. 마치 네 영기^{aura}를 공격하겠다고 위협하는 히피 같잖아." 이 사례에서 명시되지 않은 전제는 일군의 사람들을 지옥으로 보내는 신이 존재한다는 것이다. 따라서 "무신론자들을 지옥으로 보내는 신이 존재한다"는 전제가 "무신론자들을 지옥으로 보내는 신이 존재한다"는 결론을 지지하기 위해 사용된 것이다.

합성과 분할
Composition and Division

● ● ● 합성composition의 오류는 부분이 어떤 특성을 갖고 있기 때문에 그 부분이 속한 전체 또한 같은 특성을 가질 것이라고 추론하는 것이다. 피터 밀리컨Peter Millican의 생각을 인용해 보면, 한 무리의 양들 모두의 어미가 같다고 해서 무리들 전체가 같은 어미를 갖고 있다고 말할 수는 없다. 여기 또 다른 사례가 있다.

"이 소프트웨어 시스템의 각 모듈은 일련의 유닛 테스트unit tests를 받았고 다 통과했다. 따라서 모듈들을 조립하면 소프트웨어 시스템은 이 유닛 테스트들에서 검증된 불변항invariants의 어떤 것과도 충돌하지 않을 것이다."

현실적으로는 각 부분을 통합하면 시스템에 새로운 복잡성을 부여하게 되는데, 이것은 실패할 수도 있는 다른 길을 만들어내는 의존성 때문이다.

반대로 분할^{division}의 오류는 전체가 어떤 특성을 갖고 있으니까 그에 속하는 부분도 같은 특성을 공유할 것이라고 추론하는 것이다. 예를 들어 보자.

"우리 팀은 무적이다. 우리 팀 선수는 누구나 다른 팀의 어떤 선수도 이기고 압도할 수 있을 것이다."

팀 전체로는 무적이라고 말할 수 있을지 몰라도, 그것이 팀의 모든 선수들 각자가 역시 절대로 지지 않는다는 근거가 되지는 못한다. 분명 팀의 승리가 모든 경우에 팀에 속한 선수들의 개인 기술의 총합에서 나오는 건 아닐 테니까 말이다.

몇 년 전, 나는 어떤 교수님이 아름다운 은유를 사용해 가며 연역적 논증을 소개하는 것을 들었다. 그 분은 연역적 논증을 한쪽으로 진실이 들어가면 반대 쪽에서 진실이 나오는 방수 파이프 watertight pipe 로 표현하였다. 그것이 다음에 나와 있는 내 그림의 영감이 되었다.

이 책을 끝내면서 여러분이 지식을 입증하고 확장시키는 방수 파이프 주장의 가치뿐 아니라 가능성이 발현되는 귀납적 주장의 복잡함에 대해서도 더 잘 이해하게 되었기를 바란다. 실제로 그런 주장들에서 비판적 사고는 꼭 필요한 도구이다.

나는 여러분이 빈약한 주장의 위험에 대해 그리고 그것이 얼마나 우리 생활 속에 널려 있는지 알게 되었기를 바란다.

[**Aristotle**] Aristotle, On Sophistical Refutations, translated by W. A. Pickard, http://classics.mit.edu/Aristotle/sophist_refut.html

[**Avicenna**] Avicenna, Treatise on Logic, translated by Farhang Zabeeh, 1971.

[**Carroll**] Lewis Carroll, Alice's Adventures in Wonderland, 2008, http://www.gutenberg.org/files/11/11-h/11-h.htm

[**Curtis**] Gary N. Curtis, Fallacy Files, http://fallacyfiles.org

[**Damer**] T. Edward Damer, Attacking Faulty Reasoning: A Practical Guide to Fallacy-Free Arguments (6th ed), 2005.

[**Engel**] S. Morris Engel, With Good Reason: An Introduction to Informal Fallacies, 1999.

[**Farmelo**] Graham Farmelo, The Strangest Man: The Hidden Life of Paul Dirac, Mystic of the Atom, 2011.

[**Fieser**] James Fieser, Internet Encyclopedia of Philosophy, http://www.iep.utm.edu

[**Firestein**] Stuart Firestein, Ignorance: How it Drives Science, 2012.

[**Fischer**] David Hackett Fischer, Historians' Fallacies: Toward a Logic of Historical Thought, 1970.

[**Gula**] Robert J. Gula, Nonsense: A Handbook of Logical Fallacies, 2002.

[**Hamblin**] C. L. Hamblin, Fallacies, 1970.

[**King**] Stephen King, On Writing, 2000.

[**Minsky**] Marvin Minsky, The Society of Mind, 1988.

[**Pólya**] George Pólya, How to Solve It: A New Aspect of Mathematical Method, 2004.

[**Russell**] Bertrand Russell, The Problems of Philosophy, 1912, http://ditext.com/russell/russell.html

[**Sagan**] Carl Sagan, The Demon-Haunted World: Science as a Candle in the Dark, 1995.

[**Simanek**] Donald E. Simanek, Uses and Misuses of Logic, 2002, http://www.lhup.edu/~dsimanek/philosop/logic.htm

[**Smith**] Peter Smith, An Introduction to Formal Logic, 2003.

세상이 복잡해질수록 많은 문제가 생겨나지만 이 중 대부분은 충분한 대화를 통해 해결해 나갈 수 있다. 게다가 지금 세상에는 공간의 제약을 뛰어넘어 사람들 사이의 소통을 도와주는 편리한 도구들이 얼마나 많아졌는가. 다만 안타깝게도 우리는 정규 교육 과정에서 토론, 논쟁 등을 통해 생각을 발전시켜 나가거나 갈등 상황에서 상대방을 논리적으로 설득해 볼 기회를 제대로 갖지 못했다. 나 또한 책상에 앉아 선생님들의 수업자료 내용을 그대로 받아적는 수업 시간이 익숙한 세대다. 그렇기에 더욱 이 책이 흥미롭게 다가왔다.

동화인가 싶을 정도로 귀여운 삽화들, 그리고 짧은 글들이 이해하기 쉬운 비유와 다양한 사례들로 '논리학' 책들에서는 낯선 단어들로 다가왔던 오류와 논증의 세계를 열어젖힌다. 커다란 눈을 땡글거리는 동물들이 아무렇지 않게 말도 되지 않는 말을 당연스레 하는 그림을 보며 웃다가 보니 실생활에서 우리가 얼마나 이런 오류들을 범하며 살고 있는지 자연스레 알아차리게 되었다.

내가 이 책을 흥미롭게 읽은 만큼 독자들도 즐거운 경험을 통해 논증의 오류들을 익힐 수 있는 계기가 되길 바란다.

2015년 1월
하자인

그림으로 배우는
논리 오류 19

2015년 1월 15일 초판 1쇄 인쇄
2015년 1월 20일 초판 1쇄 발행

지은이 앨리 앨모서위
옮긴이 하자인
펴낸이 이윤희
펴낸곳 돈키호테

등록   제2005-000031호
주소   130-720 서울시 동대문구 약령시로 25, 105-1801
전화   02-2649-1687
팩스   02-2646-1686
E-mail jamoin@naver.com

ISBN 978-89-93771-08-4   03170
가격 12,000원